ごー・ごー ②

江口寿子・江口彩子 編著

はじめに

5本のゆびをそのまま鍵盤のうえにおいて弾ける曲だけを
あつめてあります

手の小さなこどもや
5本のゆびを動かす練習をしている人や
鍵盤やゆびを見ないで弾く練習をしている人や
大譜表の読譜の練習をしている人に
つかっていただきたい本です

メロディーにことばがついているので
曲のイメージをつくりながら弾くことができます

どんな音で弾くのか
どんなテンポで弾くのかは
弾く人が自分で考えながら弾きます
指導の手引きにそのヒントが書いてあります

『がんばれキャッツ・ステップ2』や
『おんぷの学校・5〜6巻』の
併用曲集としてもおつかいください

も く じ

1. かねのね

2. どんどん

3. こだま

よびかけるように

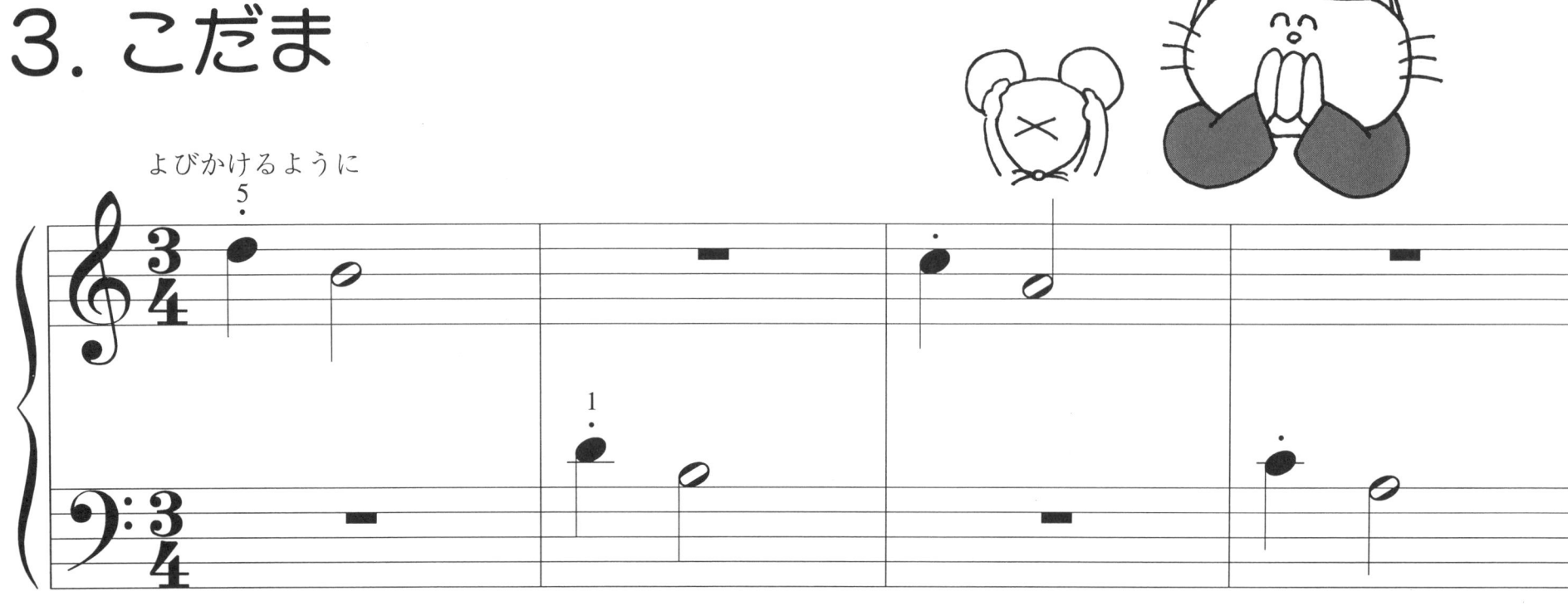

ヤッ　ホー　　　　　　　　　　ヤッ　ホー

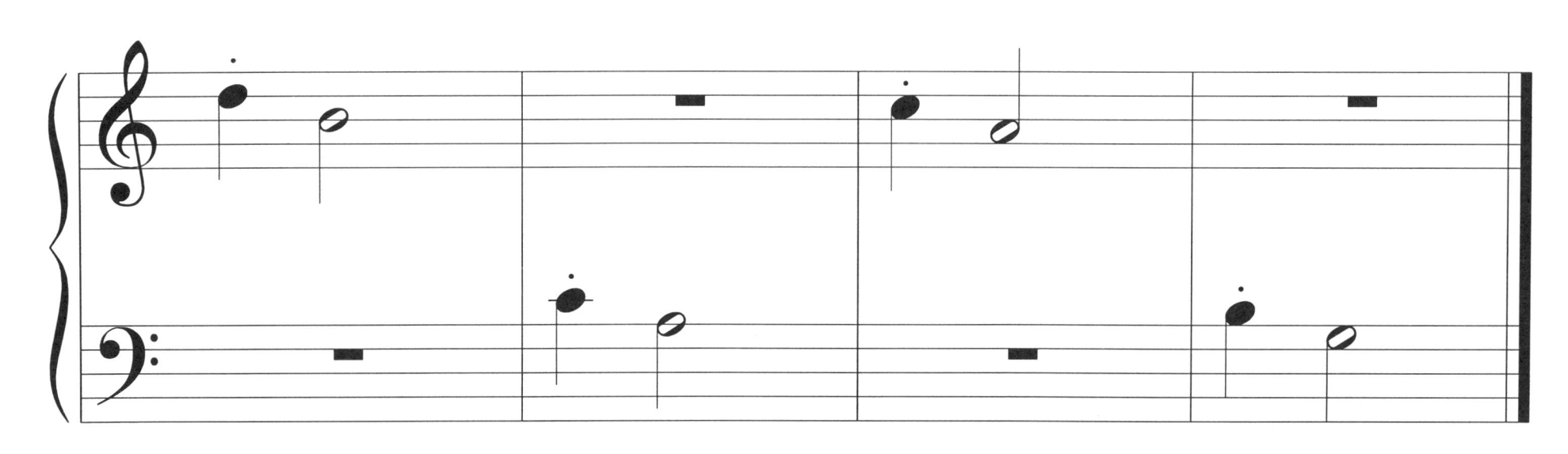

ヤッ　ホー　　　　　　　　　　ヤッ　ホー

4. ひざこぞう

げんきよく

げん きな こど もの　シン ボル さ　　ばん そう こう の　　ひざ こぞ う

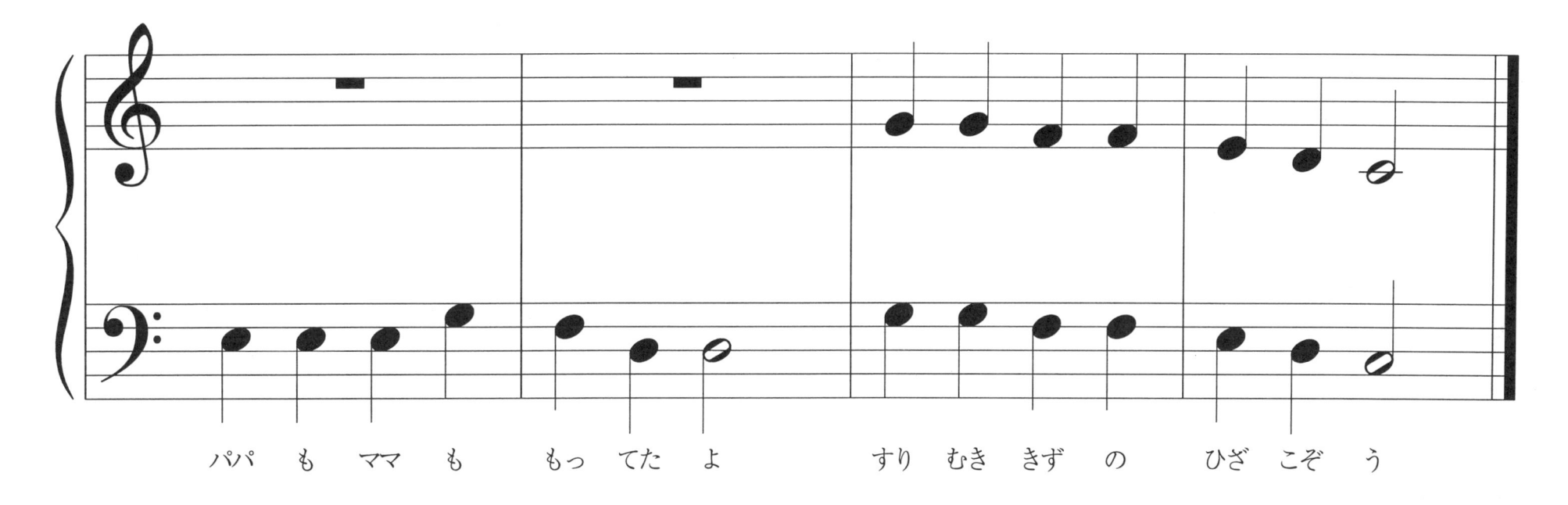

パパ も ママ も　　もっ て た よ　　すり むき きず の　　ひざ こぞ う

5. へび

びっくりして

ニョ　ロ　ニョ　ロ　　ニュ　ル　ニュ　ル　　へ　　び　　　　　ギャー

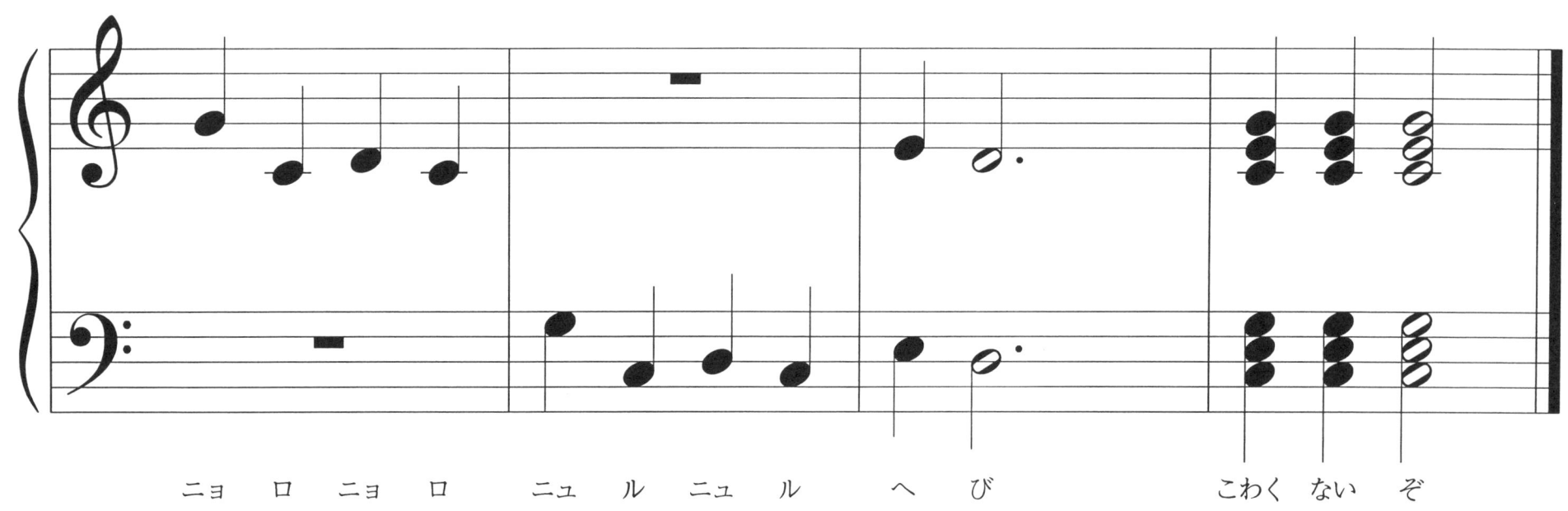

ニョ　ロ　ニョ　ロ　　ニュ　ル　ニュ　ル　　へ　　び　　こわく　ない　ぞ

おいしそうに

6. くだもの

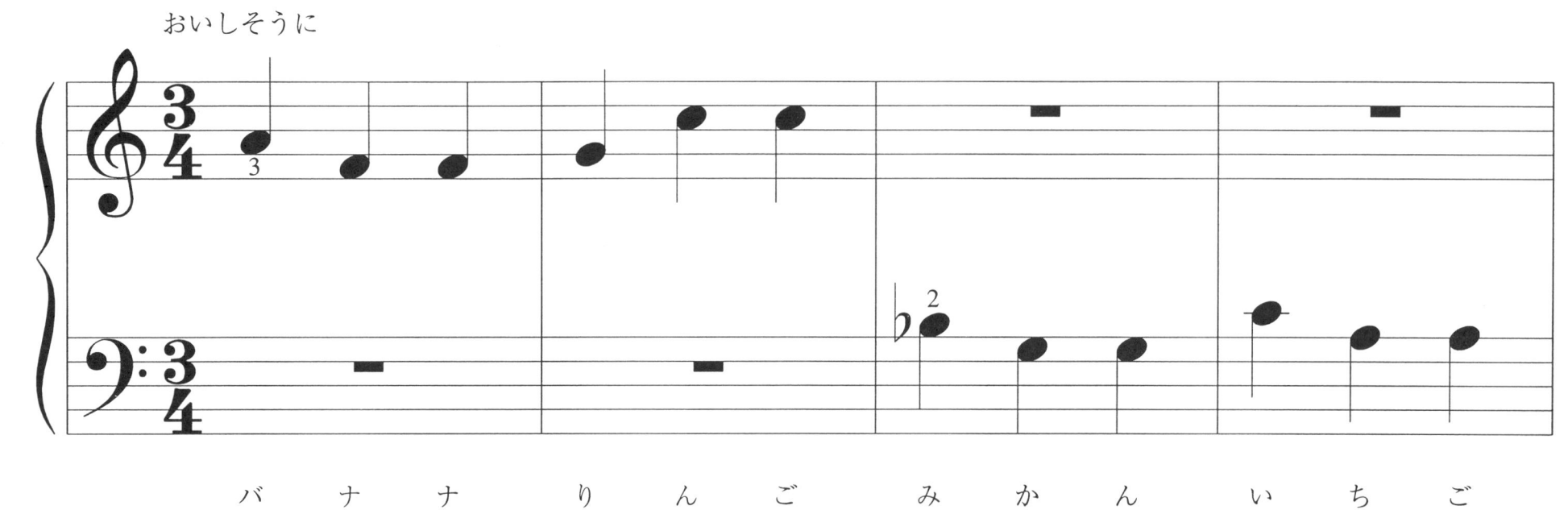

バ　ナ　ナ　　り　ん　ご　　み　か　ん　　い　ち　ご

メ　ロ　ン　　す　い　か　　キ　ウ　イ　　ぶ　ど　う

7. カメレオン

キョロキョロしながら

あっちむいて キョロ　　こっちむいて キョロ　　えも のが きた ぞ　キョロキョロキョロ

あっちむいて キョロ　　こっちむいて キョロ　　えも のが きた ぞ　キョロ キョロ パク！

8. おほしさま

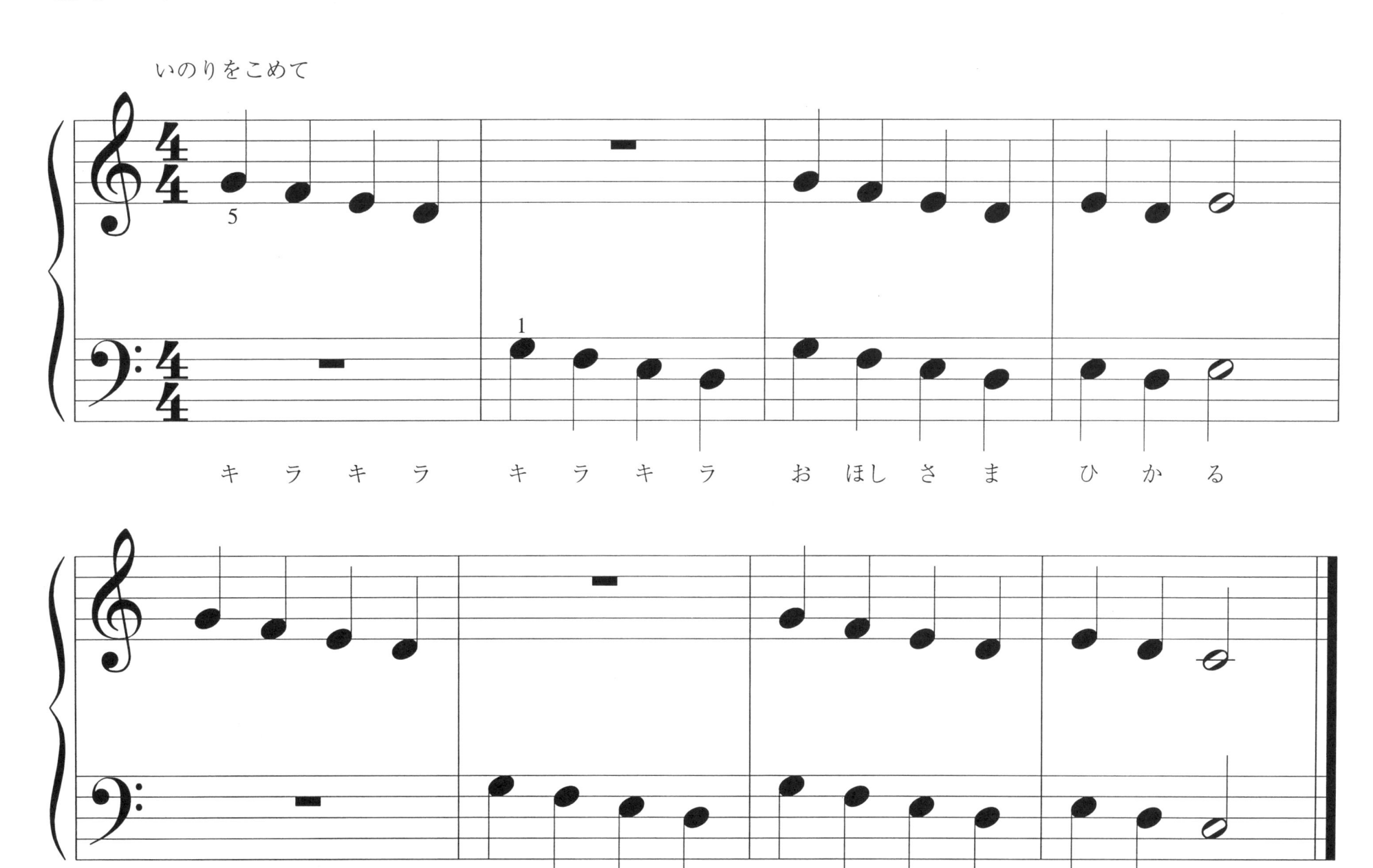

9. おとどけもの

こん にち は　　やま ぐち さん　　おと どけ もの で　ござ います

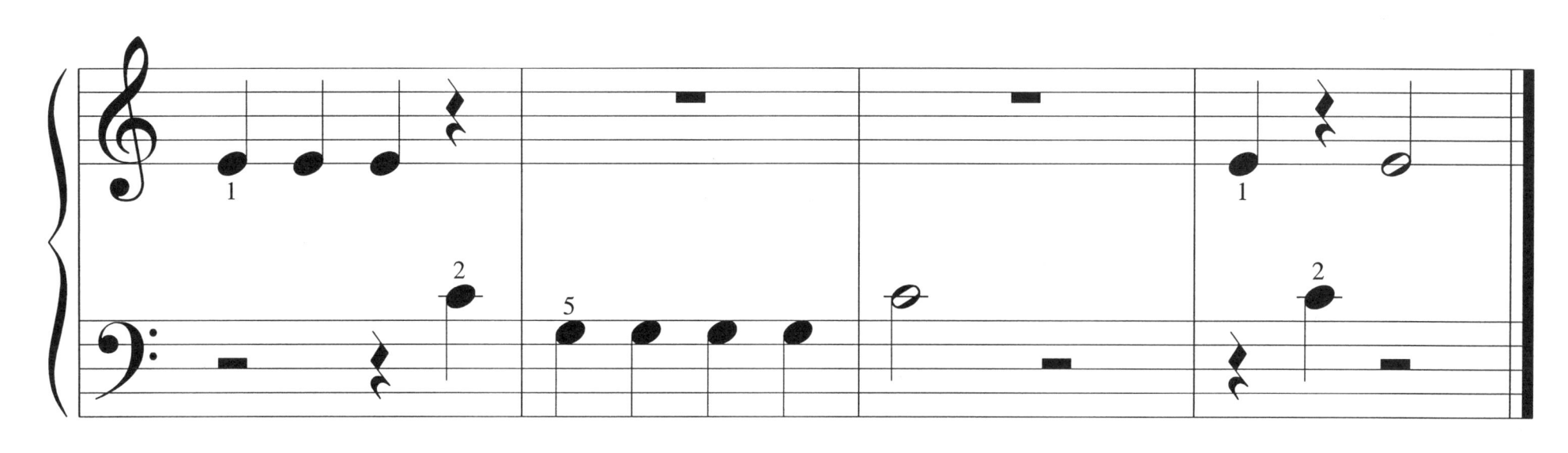

い　ん かん を　　おね がい いた しま　す　　　　　ごく ろう さん

10. おまわりさん

リズムにのって

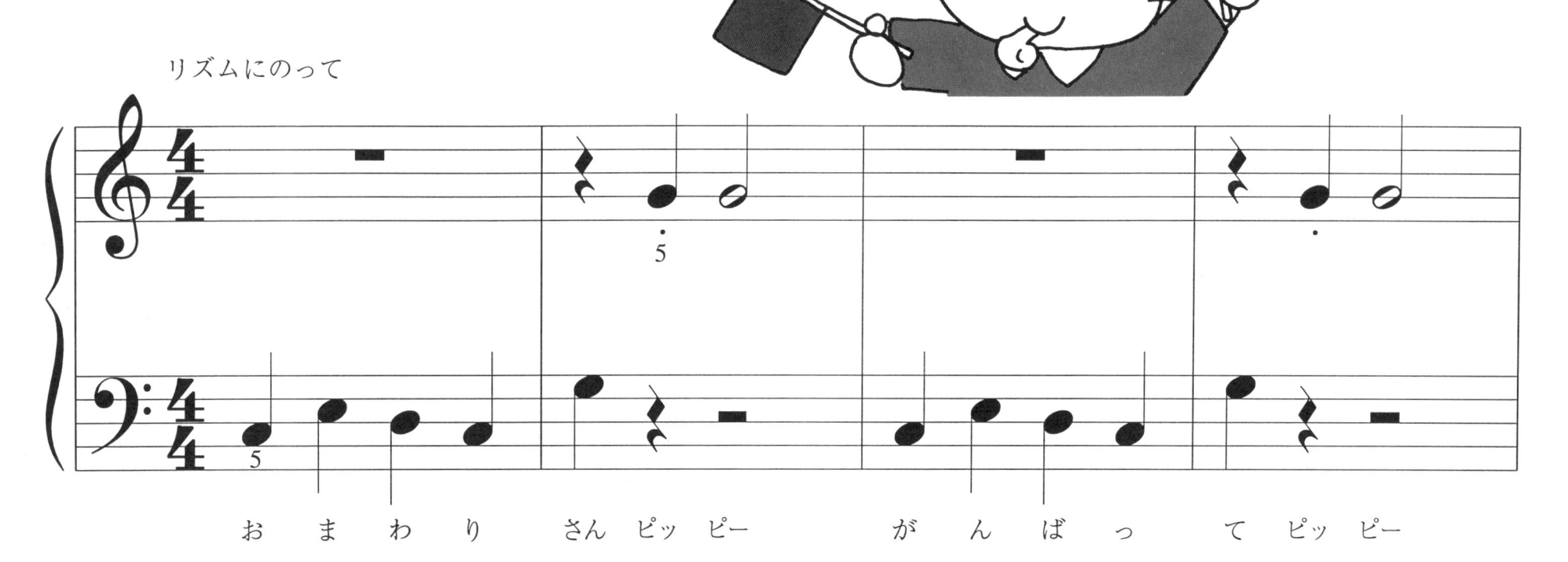

おまわり　さん　ピッ　ピー　がんばっ　て　ピッ　ピー

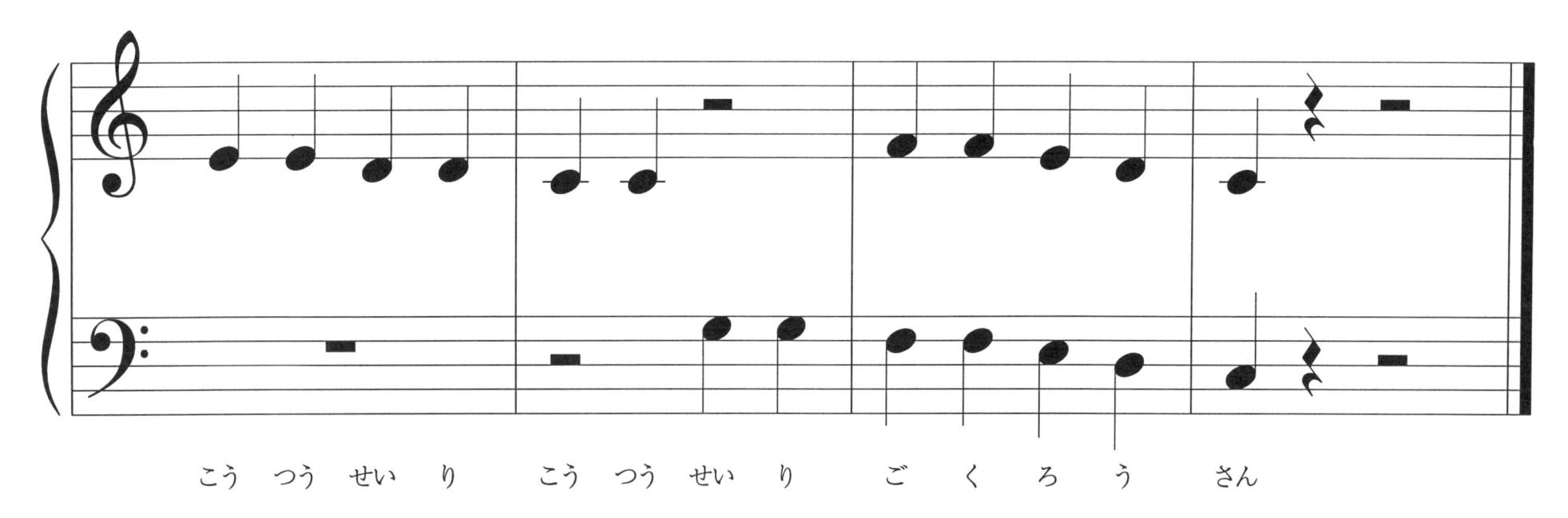

こう　つう　せい　り　こう　つう　せい　り　ご　く　ろ　う　さん

11. てんとうむし

たのしく

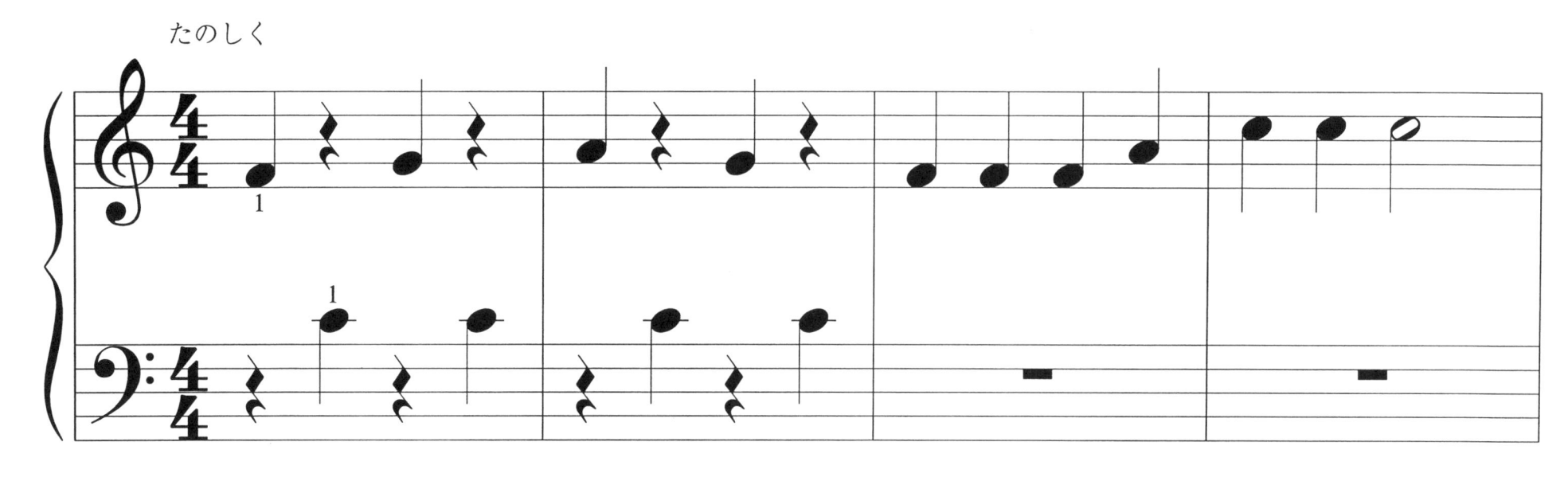

てんとうむし　てんとうむし　まっかな　ドレス

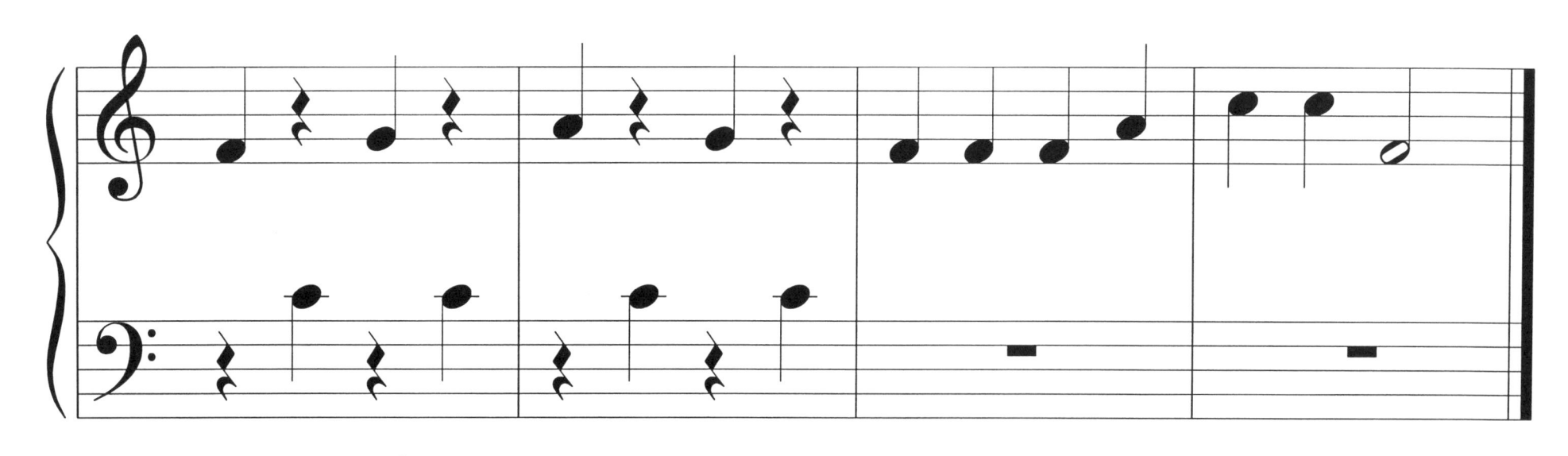

てんとうむし　てんとうむし　せなかに　ほし　ななつ

12. ハンバーガー

ハンバーガーやさんへいったきぶんで

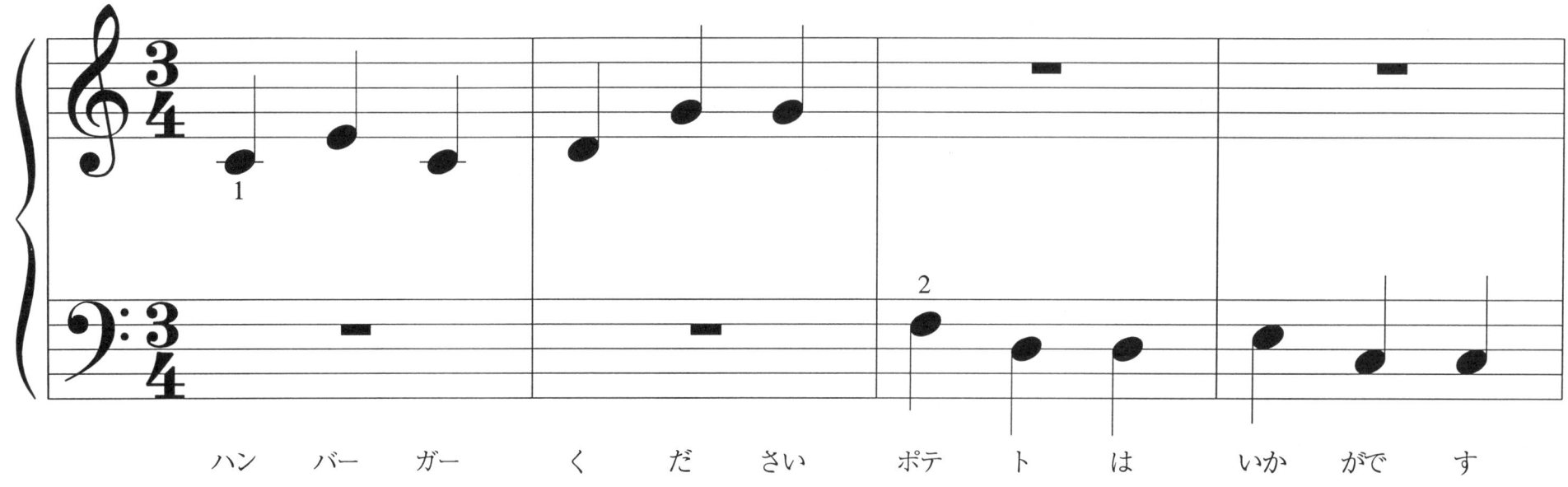

ハン　バー　ガー　く　だ　さい　ポテ　ト　は　いか　がで　す

ポテ　ト　も　く　だ　さい　はい　おま　ち　どう　さ　ま

13. ロボット

いさましく

ガシャ ー ー ン ガシャ ー ー ン ロ ボ ッ ト あ る く

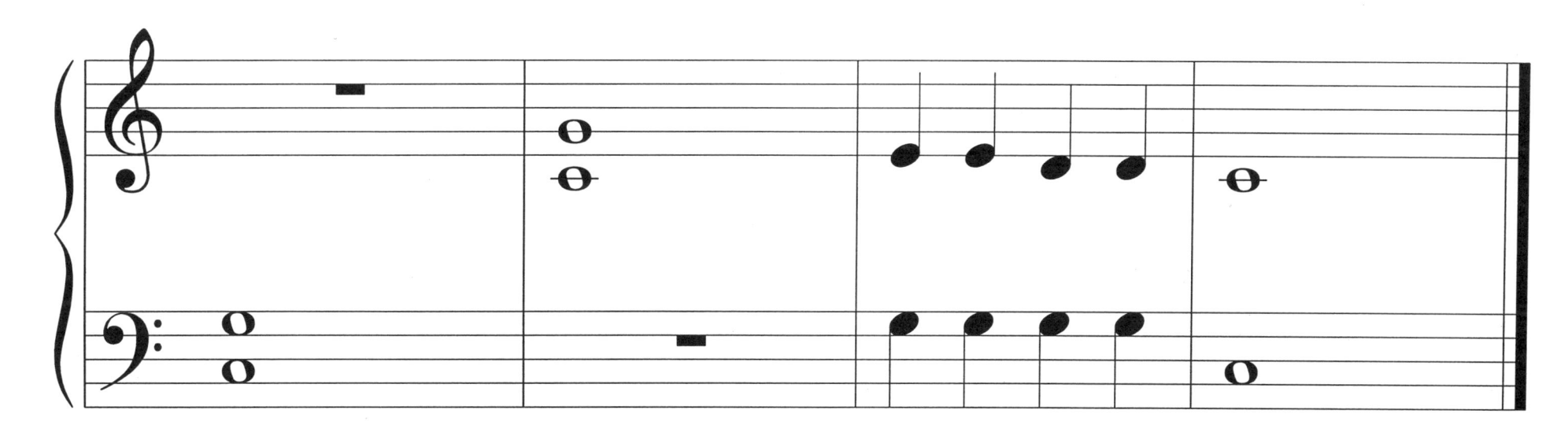

ガシャ ー ー ン ガシャ ー ー ン て つ の あ し

14. ももたろう

ドン ブラ コッ コ　ドン ブラ コッ コ　おお きな もも が　ドン ブラ コ

なか から でて きた　げん きな こど も　も も た ろ う

15. くらげ

ふわふわと

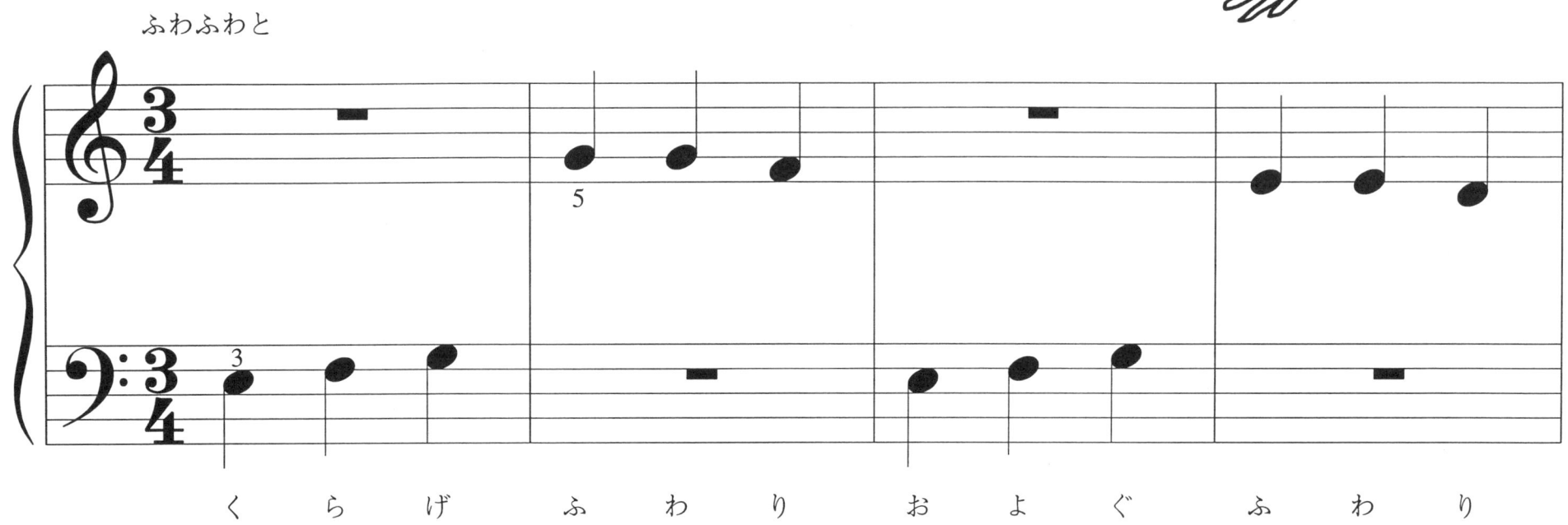

く　ら　げ　ふ　わ　り　お　よ　ぐ　ふ　わ　り

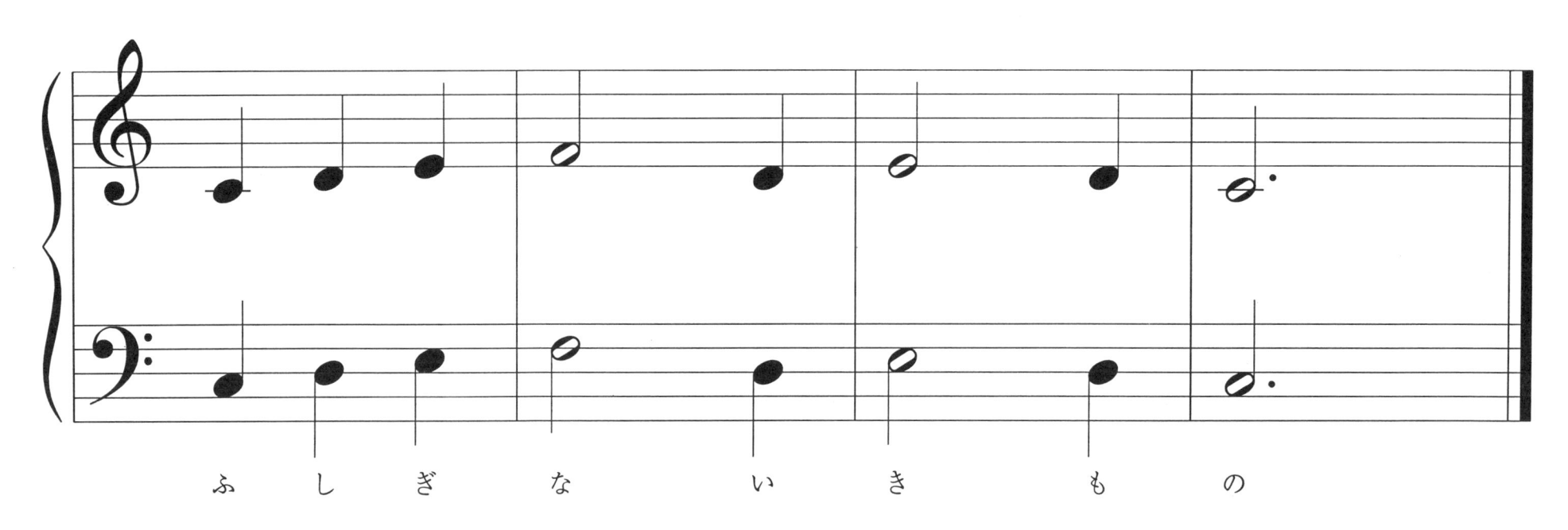

ふ　し　ぎ　な　い　き　も　の

16. うみ

みみをすまして

ザ　ブ　ー　ン　ザ　ブ　ー　ン　お　み　み　を　す　ま　そう

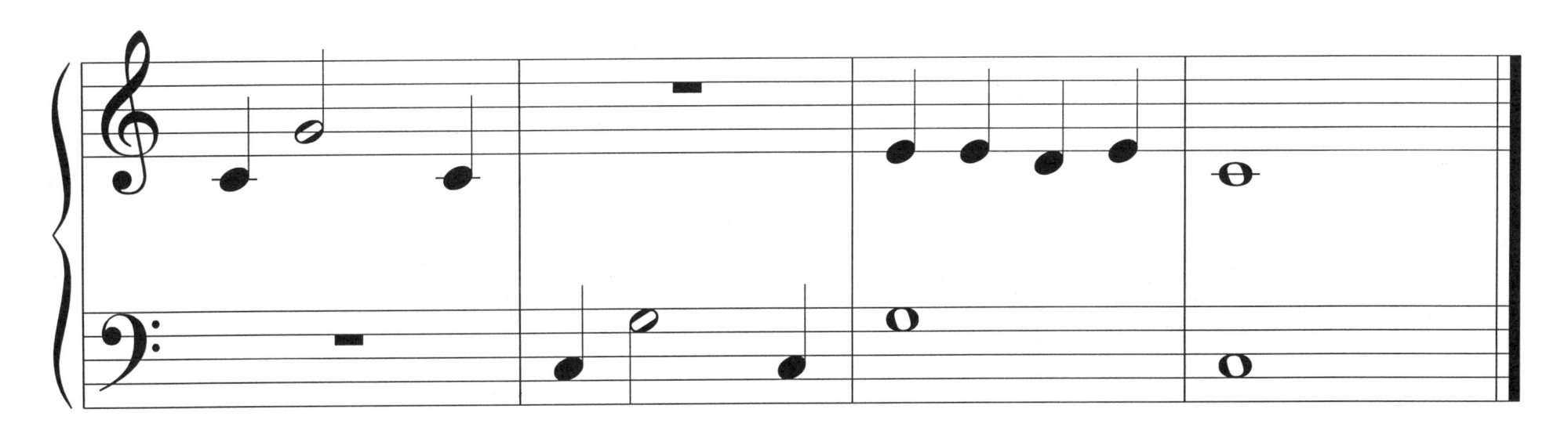

ザ　ブ　ー　ン　ザ　ブ　ー　ン　う　み　の　こ　え

17. ハクション

18. とおいくにの

なつかしそうに

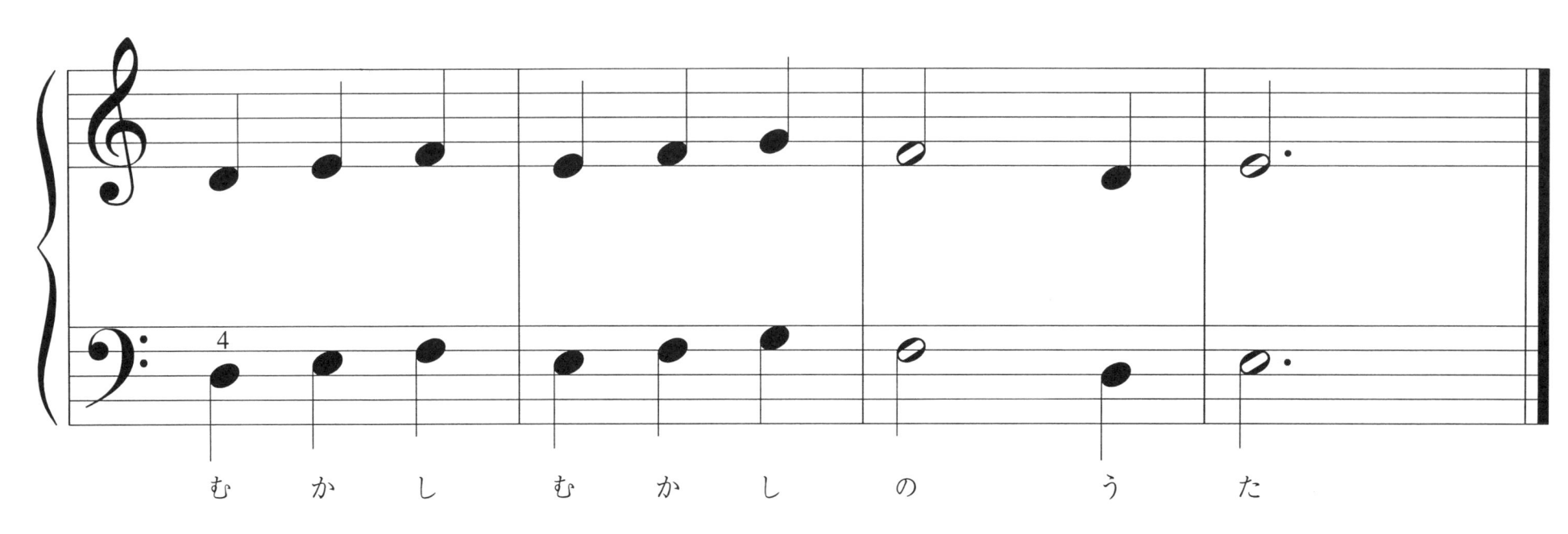

そつぎょうしょうしょ

_____ さん

このほんのおべんきょうは　ぜんぶ　おわりました

よくがんばりましたね　おめでとう

_____
ねん　　がつ　　にち

30 指導の手引き

1．かねのね
- 鐘の音は、祈りをこめてなりひびきます。どんな祈りをこめてなりひびくのか、考えましょう。自分が思うことばに、かえてみましょう。

2．どんどん
- 曲の最初の「ド」と、最後の「ド」は、右手の音域の音ですが左手で弾きます。
- 「げんきよく」弾くときはどんな強さの音で弾けばよいか、考えましょう。弱い音で弾きますか？　強い音で弾きますか？
- どんなテンポで弾けばよいか、考えましょう。はやく弾きますか？　ゆっくり弾きますか？　歩くはやさで弾きますか？
- 「ミ」の音を「ミ♭」にかえて、「つかれて」歩く曲も弾きましょう。
- 「げんきよく」の曲と、「つかれて」の曲とでは、どんなふうに弾きかたがかわりますか？

3．こだま
- 「こだま」について、話してあげましょう。
- 「ヤッホー」は人の声、ことばのない小節は「こだま」の音です。「ヤッホー」の人の声は、どんな強さの音で弾きますか？「こだま」の音は、どんな強さの音で弾きますか？

4．ひざこぞう
- 「ばんそうこう」について、話してあげましょう。
- どんな強さの音で弾けばよいか、考えましょう。弱い音で弾きますか？　強い音で弾きますか？

5．へび
- ◇のところは、げんこつ、手のひら、ひじなどをつかって、好きな鍵盤を弾かせてください。
- どんな強さの音で弾けばよいか、考えましょう。弱い音で弾きますか？　強い音で弾きますか？
- 「こわくないぞ」の部分は、どんな気持ちで弾きますか？　どんな強さの音で弾きますか？
- どんなテンポで弾けばよいかも、考えましょう。はやく弾きますか？　ゆっくり弾きますか？

6．くだもの
- 曲の中に、8つのくだものがでてきます。好きなくだもののところは強い音で、きらいなくだもののところは弱い音で弾きましょう。
- 好きなくだものを8つ考えて、ことばをかえて弾きましょう。

7．カメレオン
- 「カメレオン」について、話してあげましょう。
- どんな強さの音で弾けばよいか、考えましょう。弱い音で弾きますか？　強い音で弾きますか？「えもの」に気づかれないような音で、弾きましょう。
- ◇のところは、げんこつ、手のひら、ひじなどをつかって、好きな鍵盤を弾かせてください。
- 「キョロ」のところは、感じをだして弾きましょう。
- ◇の「パク！」は、どんな強さの音で弾きますか？

8．おほしさま
- お星さまに、ねがいをかける曲です。弾きおわったとき、自分のねがいをいいましょう。
- どんな強さの音で弾けばよいか、考えましょう。弱い音で弾きますか？　強い音で弾きますか？
- どんなテンポで弾けばよいかも、考えましょう。はやく弾きますか？　ゆっくり弾きますか？

9．おとどけもの
- 「たくはいびん」の人になったつもりで、弾きましょう。
- しゃべっているつもりで、弾きましょう。

10．おまわりさん
- 「ピッピー」は、ほんものの笛をふいているつもりで弾きましょう。
- どんな強さの音で弾けばよいか、考えましょう。弱い音で弾きますか？　強い音で弾きますか？
- どんなテンポで弾けばよいかも、考えましょう。はやく弾きますか？　ゆっくり弾きますか？

11．てんとうむし
- 「七星てんとう虫」について、話してあげましょう。
- いろいろな虫についても、話しましょう。

12．ハンバーガー
- ハンバーガー屋さんにいったときのことを、思いだしながら弾きましょう。
- お客さんのことばは、右手と左手のどちらのメロディーですか？　お店の人のことばは、右手と左手のどちらのメロディーですか？
- ハンバーガー屋さんのほかにも、やお屋さんや、ケーキ屋さんにもなりましょう。

13．ロボット
- どんなテンポで弾けばよいか、考えましょう。はやく弾きますか？　ゆっくり弾きますか？　歩くはやさで弾きますか？
- 「ガシャーン」というのは、ロボットの歩く音です。ロボットの歩く音は、どんな強さで弾きますか？　弱い音で弾きますか？　強い音で弾きますか？

14．ももたろう
- 「ももたろう」のお話をしてあげてください。
- 「ドンブラコッコ」は、桃がながれてくるようすをあらわすことばです。感じをだして弾きましょう。

15．くらげ
- 「くらげ」について、話してあげましょう。
- どんな強さの音で弾けばよいか、考えましょう。弱い音で弾きますか？　強い音で弾きますか？
- どんなテンポで弾けばよいかも、考えましょう。はやく弾きますか？　ゆっくり弾きますか？
- 「ふわり」の感じをだして、弾きましょう。

16．うみ
- 「ザブーン、ザブーン」のことばにのせて、シンコペーションのリズムを気持ちよく弾きましょう。
- 「うみのこえ」をききましょう。「うみのこえ」は、なんといっていますか？

17．ハクション
- ◇のところは、げんこつ、手のひら、ひじなどをつかって、好きな鍵盤を弾かせてください。
- この曲の◇は、とてもおおきな◇です。どんな強さの音で弾きますか？

18．とおいくにの
- 「なつかしそうに」弾くときは、どんな強さの音で弾きますか？　弱い音で弾きますか？　強い音で弾きますか？
- どんなテンポで弾けばよいかも、考えましょう。はやく弾きますか？　ゆっくり弾きますか？
- 「ミ」の音を「ミ♭」にかえて、弾いてみましょう。曲の感じが、どんなふうにかわりましたか？　あなたは、どちらの曲が好きですか？

このテキストで指導される方のために、サポートセンターを設置しております。テキストの使用法に関するご質問などは、下記アドレスまでメールください。
1000@ichionkai.co.jp

江 口 寿 子（えぐち かずこ）

〔略 歴〕 ピアノを小川冨美子、属澄江両氏に師事。
国立音楽大学ピアノ科にて学ぶ。
1966年、子どものためのピアノスクール「一音会ミュージックスクール」をつくり、指導のかたわら、音感教育、ピアノ教育、音楽心理学、児童心理学を研究。
ピアノ教師の研究サークル「子どもの音楽を考える会」、ピアノ教師のためのビデオによる通信教育システム「PLAS（プラス）」、絶対音感をつける通信教育「ミミちゃんクラブ」、相対音感をつける通信教育「あれぐろCLUB」をつくる。音楽学会、音楽教育学会、保育学会会員。

〔著 書〕 「がんばれキャッツ」（全3巻）
「メロディー聴音こびとワークブック」（全2巻）
「リズムワークブック」
「イメージ聴音ワークブック」
「ソルフェージュワークブック」
「ぴあのだいすき」
「ピアノのドリル」（全5巻）
「移動ドのドリル」（全2巻）
「ハーモニーワークブック」
「どれみふぁどんぐり」（全2巻）
「ハノン・ノン」「おんがくのたね」以上 共同音楽出版社刊。
「おんぷの学校」（全6巻）「ピアノの学校」（全6巻）
「スケールの学校」（全6巻）以上 全音楽譜出版社刊。
「ひとりでピアノが弾けた」国土社刊。
その他著書は80冊をこえる。

江 口 彩 子（えぐち さいこ）

〔略 歴〕 本名・榊原 彩子（さかきばら あやこ）
東京大学および同大学院修士課程・博士課程にて心理学を学ぶ。
現在、日本学術振興会特別研究員・慶応大学非常勤講師・玉川大学非常勤講師。
母より音楽全般に関し指導を受け、研究活動のかたわら、母が主宰する「一音会ミュージックスクール」にて子供たちにピアノを指導。

〔主論文〕 「音楽において期待からの逸脱が情緒的反応に及ぼす影響」
「音高2次元性と絶対音感保有者による音高認知
　　──絶対音感習得訓練の影響──」他

〔著 書〕 「移動ドのドリル（共著）」（共同音楽出版社刊）
「ピアノが好きになっちゃった（共著）」（二期出版刊）
「くまさんワークブック（共著）」

ごーごー②
1999年6月1日初版発行
2023年12月15日第16刷発行
著　者　江口寿子、江口彩子©2023
発行者　豊田治男
発行所　株式会社共同音楽出版社
　　　　〒171-0051　東京都豊島区長崎3−19−1
印刷製本　株式会社平河工業社
十分注意しておりますが、乱丁・落丁は本社にてお取替えいたします。